Mit dem Zug ins finnische Lappland

Unsere Reise nach Rovaniemi

Dieses Buch widme ich
meiner kleinen Schwester,
mit der ich wundervolle
Zeiten in Finnland verbrachte.

In Liebe
Deine Schwester

Mit dem Zug ins finnische Lappland

Unsere Reise nach Rovaniemi

Autorin: Kath Sternberg-Rivoire

Bibliografische Information der Deutschen Nationalbibliothek: Die Deutsche Nationalbibliothek verzeichnet diese Publikation in der Deutschen Nationalbibliografie; detaillierte bibliografische Daten sind im Internet über dnb.dnb.de abrufbar.

2. Aktualisierte Auflage
© 2022 Kath Sternberg-Rivoire

Herstellung und Verlag:
BoD – Books on Demand, Norderstedt

ISBN: 978-3-7543-4724-9

Vorwort

Die Reise ins finnische Lappland war für uns als Familie ein so wundervolles Erlebnis, dass ich die Erinnerungen an diese Fahrt gerne in irgendeiner Form festhalten wollte. Warum nicht in Buchform? Da ich beim Schreiben des Buches über Schweden so viel Freude hatte, nahm ich dieses Buch gleich im Anschluss an die Veröffentlichung von "Südliches Halland" in Angriff.

Die Reise liegt nun 18 Monate zurück. Wir konnten sie noch ohne Einschränkungen durchführen. Für mich war diese Fahrt auch eine Rückkehr an viele Orte, die ich in der Vergangenheit zwar bereits mehrmals bereiste, aber die ich auch immer wieder gerne besuche. Stockholm - meine allererste Reise nach Skandinavien ging vor 30 Jahren genau in diese wunderschöne Stadt. Helsinki - hier hatte ich vor 20 Jahren einmal neun unvergessliche Monate verbracht. In beide Städte bin ich danach regelmäßig zurückgekehrt. Rovaniemi - in die Hauptstadt von Finnisch-Lappland reiste ich mit meiner Schwester ebenfalls vor 20 Jahren. Und nun war ich mit meiner eigenen Familie dort.

Nach unserer Rückkehr wurden wir des Öfteren gefragt, welche Route wir nahmen, mit welcher Fähre wir fuhren, ob sich ein Besuch im Weihnachtsmanndorf lohnt und so weiter. Meine Antworten können auf den folgenden Seiten nachgelesen werden. Es ist kein umfassender Reiseführer. Das soll es auch nicht sein. In diesem Buch geht es um unsere individuelle Rucksackreise in den hohen Norden, mit Fotos aus unserem Familienarchiv und der Beschreibung unserer Erlebnisse auf dem Weg nach Lappland.

Ich wünsche viel Freude beim Lesen
Kath Sternberg-Rivoire

Inhaltsübersicht

Reiseplanung

Es war einer dieser tristen Herbsttage mit typischem Hamburger Schietwetter, als wir während des Abendessens begannen, über unseren nächsten Urlaub zu sprechen. Weihnachten und der Jahreswechsel standen in wenigen Wochen an. Da unsere Familien in verschiedenen Ländern leben und das Umherreisen innerhalb von zwei Wochen, um sämtliche Eltern / Großeltern und Geschwister zu sehen, stressig werden kann, führten wir gleich zu Beginn unseres eigenen Familienlebens ein rollierendes Besuchsprinzip in der Weihnachtszeit ein - ein Jahr Weihnachten mit den Eltern meines Mannes, im Folgejahr Weihnachten mit meinen Eltern, dann ein Jahr Weihnachten nur für uns und danach geht es wieder von vorne los.

Im Jahr 2019 stand Weihnachten mit der Familie meines Mannes auf dem Plan. Sie leben in Frankreich und weil die Familie im Süden Frankreichs ein Urlaubsdomizil besitzt, sollte das Wiedersehen dieses Mal dort stattfinden. Das ist generell eine nette Gegend, aber nicht gerade einfach bezüglich Anreise. Es gibt keine Direktflüge in die Region, so dass wir planten nach Barcelona zu fliegen, um von dort mit dem Mietwagen nach Frankreich zu fahren. So hätten wir eine Woche Zeit mit der Familie und im Anschluss noch eine knappe Woche Aufenthalt in Barcelona und Umgebung. Nun saßen wir also am Tisch und sehnten uns bereits nach sonnigeren, wärmeren Tagen und darauf, etwas Neues zu sehen, denn wir waren noch nie in Barcelona. Aufgrund unserer Familienkonstruktion finden unsere Urlaube entweder in Frankreich oder in Schweden statt. Es gibt absolut Schlimmeres und uns ist bewusst, dass wir privilegiert genug sind, diese Reisen regelmäßig durchführen zu können, aber trotzdem wurde die Sehnsucht immer größer, auch mal wieder unbekanntes Terrain zu bereisen, so wie mein Mann und ich es taten, als wir noch keine Kinder hatten. Wir freuten uns auf Barcelona und spanisches Essen.

Zum wiederholten Male erwähnte ich allerdings auch, wie komisch es für mich werden würde, die Weihnachtszeit in T-Shirt und ohne Weihnachtsbaum zu verbringen. Ich erwarte keine weiße Weihnacht, aber wünschte doch wenigstens Frost, Glühwein und Weihnachtsdekorationen zu haben. Ein Wort ergab das andere und wir landeten bei Tiefschnee und Nordlichtern. Die Idee einer Fahrt zum Polarkreis war geboren. Ich erzählte von meiner Zugreise zum Weihnachtsmanndorf bei Rovaniemi, die ich 20 Jahre zuvor mit meiner Schwester unternommen hatte und von dem Moment an war es um unsere Töchter geschehen. Mit ihren sechs und acht Jahren glaubten sie zwar nicht mehr an den Weihnachtsmann aber an die Magie der Weihnachtszeit. So kam es, dass wir für die kommenden Märzferien eine Reise nach Finnisch-Lappland planten.

Die Paketreisen nach Rovaniemi diverser Reiseanbieter sagten uns alle nicht zu. Wir wollten eine entspannte, individuelle Reise als Familie ohne Reiseleitung. Natürlich kann direkt zum Weihnachtsmanndorf geflogen werden, um sich dort ein paar Tage aufzuhalten, aber wir wollten nicht von den in Hamburg typischen 10°C Regenwetter im März zu Minusgraden und wieder zurück zum Regenwetter fliegen, sondern uns langsam in Richtung Winterlandschaft bewegen.

Ich liebe es, Reisen zu planen, vor allem wenn es in den Norden geht. Aufgrund meines ersten Trips nach Rovaniemi war von Beginn an aber eine Sache klar - keine Zugfahrt zum Polarkreis während des Tages. Als ich vor 20 Jahren mit dem Zug von Helsinki nach Rovaniemi fuhr, schaute ich die erste Stunde der Fahrt mit einem Dauerlächeln aus dem Fenster. Nichts als Seen und Birken waren zu sehen. Es sah wunderschön aus und die Entspannung breitete sich in meinem gesamten Körper aus. Nichts als Birken und Seen und noch mehr Birken in Stunde zwei und drei und auch noch zehn Stunden später bis zum Zwischenstopp in der Kleinstadt Oulu, was bereits sehr nördlich in Finnland liegt. Dort musste die Lok gewechselt werden, da die Strecken in weiter nördlichen Gebieten noch nicht elektrifiziert waren. Ich hoffte bei der Weiterreise auf etwas mehr Abwechslung der Aussicht, denn mittlerweile hatte ich mich an Seen und Wäldern satt gesehen. Die Landschaft veränderte sich dann auch wirklich und sah nun aus wie auf den vielen Fotos in Lappland Reiseführern. Die Vorfreude auf ein paar Tage im hohen Norden wurde immer größer. Damals war Sommer. Ein richtig schöner Sommer mit viel Sonne, Wärme und ohne Mücken. Dieses Mal würde noch Winter sein.

Anfang März ist Schneegarantie in Lappland und es gibt gute Chancen Nordlichter zu sehen. Unsere Reise nach Lappland wollten wir mit einem kurzen Aufenthalt in unserem Ferienhaus in Schweden verbinden. Dort wohnen wir in der Nähe von Laholm. Laholm hat einen Bahnhof mit sehr regelmäßigen Zugverbindungen nach Göteborg, von wo aus es dann weiter gen Norden und Osten geht. Zunächst dachte ich an den Nachtzug, der uns von Stockholm bis nach Schwedisch-Lappland gebracht hätte, aber die Idee legte ich äußerst schnell beiseite. Wenn wir sowieso über Stockholm reisen müssten, dann könnten wir auch direkt von dort nach Finnland fahren. Genauer gesagt nach Helsinki. Mein Mann und ich haben unabhängig voneinander in Helsinki jeweils ein Semester studiert. Das war die Gelegenheit, dieser gemütlichen, sehenswerten Stadt mal wieder einen Besuch abzustatten und unseren Töchtern zu zeigen, wo wir einmal lebten.

Ab Helsinki sollte es mit dem Nachtzug, dem Santa Claus Express, direkt nach Rovaniemi gehen. Es gibt den Santa Claus Express auch zwischen Rovaniemi (bzw. sogar von Kemijärvi) nach Turku. Die Stadt liegt im Südwesten von Finnland direkt an der Küste. Daher plante ich die Rückfahrt mit dem Nachtzug nach Turku. So konnten wir die Tages-Schiffsreise nach Stockholm nehmen. Diese Überfahrt führt durch den Schärengarten von Turku, durch das Archipel der Åland Inseln und dann durch den Stockholmer Schärengarten bis ins Zentrum von Stockholm. Da mein Mann noch nie in Stockholm war, baute ich einen halben Tag Aufenthalt in der Stadt mit ein, bevor es mit dem Zug wieder zurück nach Laholm gehen sollte.

Diese Route stellte ich meiner Familie vor, so dass wir eine Grundlage hatten, über den Reiseverlauf diskutieren zu können. Eine wirkliche Diskussion fand allerdings nicht statt, denn sowohl mein Mann als auch die Mädels waren begeistert und einverstanden. Unsere Töchter versuchten einen längeren Aufenthalt auszuhandeln, aber wir entschieden uns dann doch für eine insgesamt einwöchige Reise. So konnten die Kinder im Anschluss an die Lapplandfahrt noch ein paar Tage mit Oma und Opa in Schweden verbringen.

Sämtliche Tickets für Bahnfahrten, Fährüberfahrten sowie Aktivitäten und Übernachtungen buchte ich vorab. Die Buchungsbestätigungen druckte ich ganz klassisch aus und legte einen kleinen Reiseordner an. Ich lud mir aber trotzdem die wichtigsten Apps auf mein Handy, um alle Reisedaten zusätzlich elektronisch abrufen zu können. Die QR Codes auf den Bestätigungen (sowohl in Papierform als auch über die Apps) erleichtern beispielsweise das Check-In bei den Fährgesellschaften. Die Nutzung der App der Schwedischen Bahn ermöglicht wiederum das schnelle Einholen von Informationen bzgl. Bahnsteig, Platzreservierungen oder Abfahrts- und Ankunftszeiten. Details und Tipps zu den einzelnen Buchungen schildere ich in den entsprechenden Kapiteln.

An dieser Stelle möchte ich erwähnen, dass ich ausschließlich die finnischen Städtenamen benutze, da diese für die Mehrheit der Leser und Leserinnen wahrscheinlich die bekannteren Namen sind. Vor allem das südliche Gebiet von Finnland sowie die Westküste des Landes sind zweisprachig; schwedisch und finnisch. Daher gibt es finnische und schwedische Namen. Helsinki wird Schwedisch Helsingfors genannt, Turku ist Åbo auf Schwedisch, Oulu heißt Uleåborg.

Karte mit eingezeichneten Städten in Schweden und Finnland, die im Buch genannt werden

Zugfahrt nach Stockholm

Unsere Reise nach Lappland begann mit der Zugfahrt von Laholm nach Stockholm über Göteborg. Ein paar Tage zuvor reisten wir mit dem Auto von Hamburg zu unserem Ferienhaus, welches sich in der Nähe von Laholm befindet.

Eine direkte Anreise mit dem Zug von Deutschland aus ist problemlos möglich, denn es gibt Zugverbindungen nach Kopenhagen (Dänemark), von wo aus es regelmäßige Abfahrten nach Schweden gibt. Empfehlenswert ist in dem Fall eine Zwischenübernachtung, denn die Anreise per Zug von beispielsweise Hamburg nach Stockholm dauert 14 Stunden. Es gibt mittlerweile aber auch eine Nachtzugverbindung Hamburg - Stockholm.

Die Tickets für die Zugfahrten in Schweden buchte ich direkt bei der Schwedischen Bahn. Dort heißt sie Statens Järnvägar, kurz SJ. Für die meisten Verbindungen sind Platzreservierungen obligatorisch. Das Buchen der Tickets über die Homepage von SJ ist unkompliziert. Wer kein Schwedisch versteht, kann die Seite auf Englisch umstellen. In unserem Fall war es preisgünstiger, über SJ zu buchen, da es innerschwedische Verbindungen waren. Bei Reisen mit deutschem Startbahnhof und Ankunft in Deutschland ist das Buchen über die Deutsche Bahn für gewöhnlich preiswerter, denn es gibt den Sparpreis Europa.

Am Bahnsteig in Laholm

Wir fuhren morgens um 8.42 Uhr in Laholm los. Zunächst ging es mit dem Öresundståget nach Göteborg. Dieser Zug fährt täglich und regelmäßig zwischen Kopenhagen und Göteborg hin und her. Für diesen Zug ist es nicht unbedingt notwendig, Platzreservierungen zu buchen. Ich hatte uns trotzdem Plätze reserviert, denn der Zug kann vor allem in den Morgen- und Nachmittagsstunden sehr voll sein und ich wollte sicherstellen, dass wir zusammen sitzen können. In Göteborg stiegen wir in den X2000, einem Schnellzug, um, der uns nach Stockholm brachte. Am Hauptbahnhof stiegen wir aus.

Stockholms Hauptbahnhof befindet sich zentral in der Innenstadt im Stadtbezirk Norrmalm. Es war gegen 14.30 Uhr. Das Boarding für die Fährüberfahrt begann in einer Stunde. Da wir somit genügend Zeit hatten und es nicht regnete, entschieden wir uns, zum Fährterminal von Viking Line im Stadtbezirk Södermalm zu gehen. Das sind in etwa 3,5 km.

Vom Hauptbahnhof gingen wir die Vasagatan in südliche Richtung zur Vasabron. Von der Brücke Vasabron, die Norrmalm mit Gamla Stan verbindet, hatten wir einen guten Blick auf das Stadshuset. Es ist das Rathaus von Stockholm und befindet sich im Stadtbezirk Kungsholmen, westlich von Norrmalm, direkt am Riddarfjärden im Mälaren.

Auf der Vasabron mit Blick auf das Rathaus

Die Brücke Vasabron führt zur Insel Stadsholmen. Auf der Insel befindet sich die Altstadt Stockholms, Gamla Stan genannt. Dieser Teil der Stadt ist ein Touristenmagnet. Die Gassen sind gepflastert, die Giebelhäuser des 17. und 18. Jahrhunderts sind beliebte Fotomotive und die Straßencafés locken nicht nur Besucher der Stadt an sondern auch Einheimische. Wir spazierten durch Gamla Stan bis nach Slussen in Södermalm.

Slussen heißt die Schleuse. Dort befindet sich nicht nur die Schleuse als Verbindung zwischen dem See Mälaren (der drittgrößte See Schwedens übrigens) und der Ostsee, sondern Slussen ist auch ein großer und wichtiger Verkehrsknotenpunkt der Stadt. Seit einigen Jahren wird dieser Bereich komplett modernisiert und umgebaut. Entlang des Stadsgårdsleden gingen wir zum Terminal der Fährgesellschaft Viking Line. Die Überfahrt nach Helsinki war die nächste Etappe.

Blick vom Stadsgårdsleden auf die Altstadt

Von Stockholm nach Helsinki

Das Boarding verlief sehr zügig. Wir bezogen unsere Kabine auf dem Schiff "Gabriella" der Viking Line. Überfahrt sowie Abendessen und Frühstück hatte ich vorab gebucht. Um 16.30 Uhr ging es dann los. Wir verbrachten die erste Stunde auf dem Außendeck, um die Aussicht auf Stockholm und den Schärengarten zu genießen. Danach erkundeten wir das Schiff. Die Kinder blieben im Spielbereich hängen. Mein Mann und ich machten es uns nebenan an der Bar gemütlich und läuteten mit einem Cocktail den Abend ein.

Wir hatten absichtlich die Überfahrt an einem Montagabend gewählt, denn gewöhnlicherweise ist es die am wenigsten gebuchte Überfahrt der Woche. Es ist nicht nur preisgünstiger an einem Montag zu fahren sondern auch entspannter, da die Fähre meistens nicht ausgebucht ist und sich somit auch keine Menschenmassen am Buffet drängen. Da wir generell etwas später zu Abend essen, buchten wir für das Abendbuffet den letztmöglichen Zeitslot. Das Buffet war üppig. Es wurde permanent wieder aufgefüllt, sobald etwas zur Neige ging. Das Angebot an Speisen und Getränken war sehr umfangreich und divers. Auch die Qualität überzeugte.

Unsere Vier-Bett-Außenkabine befand sich im vorderen Teil des Schiffes und weit genug entfernt von den Restaurants und Bars, denn es kann durchaus laut zugehen an Bord. Partylärm kann die Nachtruhe stören, wenn sich die Kabine zu nah am Nachtclub befindet. Daher der Tipp - bereits vor der Buchung der Fährpassage schauen, welches Schiff fährt. Die Schiffe sind auf der Homepage beschrieben und bei der Buchung kann direkt nachgesehen werden, wo sich welche Kabinen befinden. Bei der Onlinebuchung kann nur die Kabinenkategorie gewählt werden. Bei telefonischer Buchung, mit Glück und bei noch bestehender Auswahl an freien Kabinen, kann manchmal auch direkt eine ganz spezifische Kabine reserviert werden.

Kurz vor Mitternacht erreichten wir die Åland Inseln. Der Zwischenstopp dauert nicht lange, da das Be- und Entladen von Autos und LKWs gut organisiert ist. Dann geht es weiter nach Helsinki. Nachts ist nicht viel von der schönen Inselwelt zu sehen, aber auf der Rückreise werden wir Gelegenheit haben, die Åland Inseln bei Tageslicht zu betrachten.

Lange geschlafen haben wir nicht, denn um 7 Uhr schwedische Zeit (8 Uhr finnische Zeit) gab es Frühstück. Das Frühstücksbuffet war sehr umfangreich und vielseitig. Gut gesättigt und bereit für einen Tagesaufenthalt in Helsinki kamen wir kurz nach 10 Uhr in der finnischen Hauptstadt an.

Kurzaufenthalt in Helsinki

Da mein Mann und ich die Stadt sehr gut kennen, war es nicht unsere Intention, sämtliche Sehenswürdigkeiten während des kurzen Aufenthalts aufzusuchen. Dafür bedarf es auch viel mehr Zeit, denn die Stadt ist auf mehreren Inseln erbaut und die Orte, die als Must-See gelten, sind verstreut im gesamten Stadtgebiet. Es ist schlicht unmöglich, all die schönen Gebäude, Museen, Skulpturen, Parkanlagen, etc. an einem Tag zu besichtigen.

Wir spazierten zunächst die zwei Kilometer vom Fähranleger zum Hauptbahnhof, um unser Gepäck in den Schließfächern zu verstauen. Da wir am Abend sowieso den Nachtzug nehmen würden, war der Bahnhof für uns der ideale Ort, die Rucksäcke einzuschließen. Danach ging es zum Senatsplatz mit seinen klassizistischen Bauten. Den Dom zu Helsinki sahen wir bereits von der Fähre aus und unsere Töchter wollten unbedingt zu dem schönen, weißen Gebäude, wie sie sagten. Der Senatsplatz ist insbesondere aufgrund des Bauensembles an Bauwerken, die von Carl Ludwig Engel entworfen wurden, bekannt. Nicht nur der Dom ist sehenswert sondern auch das ehemalige Senatsgebäude, das Hauptgebäude der Universität sowie die Finnische Nationalbibliothek. Wer Bücher mag, dem kann ich nur ans Herz legen, die Bibliothek aufzusuchen und anzuschauen. Es ist ein wundervoller, nach Büchern duftender Ort. Das Innere des Gebäudes, wie zum Beispiel der Kuppelsaal, lassen einen denken, in einem alten Schloss oder einer Kirche zu stehen.

Dom zu Helsinki auf dem Senatsplatz

Nach einem ausgiebigen Besuch des Doms gingen wir in südliche Richtung bis zum Park von Kaivopuisto. Von hier aus hatten wir einen guten Blick auf die umliegenden kleinen Inseln und den Stadthafen. Nicht weit entfernt in nördlicher Richtung befindet sich die Vanha Kauppahalli, die Alte Markthalle. Als Student ging ich gerne durch die Halle, um die unterschiedlichsten Gerüche zu genießen. Selten gönnte ich mir ein Mittagessen dort. Die Stände bieten allerlei Delikatessen an. Dieses Mal aßen wir aber in der Markthalle zu Mittag, denn gerade die Stände mit Fisch und Meeresfrüchten sahen zu verlockend aus.

In der Markthalle an einem der Fischstände - unser fischiges Mittagessen

Typisch finnische Fischsuppe

Nach dem Essen ging es weiter Richtung Stadtteil Töölö. Dort hatte ich damals gewohnt. Meine damalige Wohnung lag an der Straße Runeberginkatu zwischen der Felsenkirche und dem Sibelius Monument. Die Felsenkirche war unser Ziel, denn die Architektur ist wirklich sehenswert. Die Kirche ist in Stein gebaut. Von außen ist im Prinzip nur die Kuppel zu sehen.

Da nach dem Besuch der Kirche leichter Regen einsetzte, spazierten wir die Runeberginkatu entlang in die Innenstadt zurück. Ich zeigte meiner Familie aber noch das Gebäude in der Straße, in dem meine Wohnung war und dann gelangten wir ins Viertel Kamppi. Dieses Viertel hat sich in den zurückliegenden Jahren sehr gewandelt. Heute ist es ein äußerst lebhaftes, angesagtes Viertel zum Shoppen und Essen gehen. Kein Besuch in Helsinki ohne das Aufsuchen eines Marimekko Geschäfts lautet meine Devise. Mein Lieblingsdesigner für Kleidung und Haustextilien ist, seit meines ersten Besuches in Helsinki 1998, Marimekko. Daher ist für mich eine Tour durch einen Marimekko Laden ein Muss. Dabei muss ich nicht immer etwas kaufen, aber ich schlendere gerne durch die schlicht arrangierten Geschäfte. Bei diesem Besuch half der Fakt, dass wir mit Rucksäcken reisten und ich keine Kapazität für Shoppingwaren hatte. Daher blieb es beim Anschauen der neuen Kollektion. So war es auch im Aarikka Laden, wo es Schmuck und Haushaltswaren aus Holz gibt. Meine kleine Tochter dagegen zog es in das Mumingeschäft in Kamppi. Sie mag die Kinderbuchfiguren aus den Büchern von Tove Jansson sehr gerne und kaufte sich ein Andenken vom Reise-Taschengeld, welches sie von Oma und Opa vor der Reise zugesteckt bekam.

Marimekko Geschäft in Helsinki

Dann ging es zur Esplanade bis zum Stockmann. Vor 20 Jahren zog es mich häufiger zur Souvenirabteilung und zum Bereich mit finnischem Design. Es war einer der besten Orte, um Mitbringsel und besondere finnische Dinge zu kaufen, aber nun war es nur ein Kaufhaus, wie es in jeder Großstadt zu finden ist. Ich war etwas enttäuscht. Daher kehrten wir schnell wieder um und gingen nach nebenan in die Akademiebuchhandlung. Wir stöberten nach Reiseliteratur, bevor wir es uns im Café Esplanad gemütlich machten. In diesem Café, gleich neben der Buchhandlung an der Esplanade, hatte ich als Student viele Stunden verbracht. Es gab die größten Zimtschnecken und eine Kaffee-Flatrate. Zimtschnecken und Kaffee gibt es immer noch. Die Zimtschnecken sind nicht mehr ganz so groß wie früher, aber Filterkaffee gibt es nach wie vor mit Nachschlag.

Die Zeit in Helsinki neigte sich dem Ende. Wir brachen in Richtung Hauptbahnhof auf, holten die Rucksäcke aus den Schließfächern und begaben uns zum Bahnsteig. Dort stand der Nachtzug bereit zum Einsteigen. Der Santa Claus Express-Nachtzug. Aufgrund unserer vielen Fahrten in den Norden sind unsere Kinder Fährfahrten gewohnt, aber noch nie sind sie mit einem Nachtzug gefahren. Als sie den Zug erblickten, stieg die Aufregung und eine Diskussion begann darüber, wer mit wem im Abteil sowie wer oben und wer unten im Doppelstockbett schläft. Das war aber schnell geklärt und so bestiegen wir gegen 18.30 Uhr den Zug.

Santa Claus Express-Nachtzug

Mit dem Santa Claus Express nach Rovaniemi

Unsere beiden Abteile lagen direkt nebeneinander. So hatte ich es gebucht. Das Buchen des Nachtzuges gestaltete sich etwas schwierig. Da bei Direktbuchung auf der Homepage der finnischen Bahn, VR, die Angebote deutlich besser waren als bei Buchung über die Deutsche Bahn oder einen deutschen Reiseanbieter, wollte ich direkt bei VR buchen. Die Internetseite ist mittlerweile auch auf Englisch abrufbar, aber Ende 2019 gab es wesentliche Informationen nur auf den finnischen Seiten. Selbst die schwedischen Seiten waren nicht vollumfänglich übersetzt. Da meine Finnischkenntnisse extrem verblasst sind, konnte ich die finnischen Informationen nicht alle verstehen. Die Buchung eines einfachen Zugtickets war unkompliziert. Die Schwierigkeit gestaltete sich darin, dass ich 2 Schlafabteile buchen wollte, die direkt nebeneinander liegen und möglichst im oberen Bereich des Zuges. Sobald ich die ungerade Anzahl an weiblichen und männlichen Reisenden eingab (eine weibliche Erwachsene, zwei weibliche Kinder plus ein männlicher Erwachsener), wurden automatisch in 3 verschiedene Abteile gesteckt. So wären sogar die Kinder in anderen Abteilen als wir Elternteile gewesen. Beim dritten Buchungsversuch machte ich meinen Mann zu einer weiblichen Reisenden und voilà die von mir anvisierten, benachbarten Abteile lagen im Warenkorb. Die gute Nachricht an dieser Stelle - der Buchungsprozess ist einfacher geworden, auch auf der englischen Seite.

Unsere Schlafabteile befanden sich wie vorab reserviert nebeneinander und im oberen Bereich des Zuges. Wir verstauten das Gepäck. Die Kinder suchten derweil den Restaurantwagen. Der war zügig gefunden und mittlerweile fuhren wir bereits, so dass das Bistro geöffnet war. Mich überraschte die Leere im Zug. Anfang März ist nicht nur Ferienzeit in Finnland sondern für alle Skandinavier und viele Nicht-Skandinavier eine beliebte Zeit, um in den Norden zu fahren, da die Tage schon wieder länger sind, aber auch noch Schnee liegt. Trotzdem reisten hauptsächlich Einheimische mit dem Zug. Wir waren neben vier weiteren Personen die einzigen im Restaurantbereich. Vereinzelt holten sich Reisende Snacks und Getränke zum Mitnehmen. Wir aßen im Speisewagen. Das Essen war überraschenderweise sehr schmackhaft. Und nach Jahren trank ich ein Lapin Kulta, ein finnisches Bier.

Die Nacht verlief gut. Der längere Aufenthalt an frischer Luft in Helsinki und die zuvor kurze Nacht auf der Fähre machten uns wahrscheinlich müde genug, um im Zug schlafen zu können. Die Betten waren erstaunlicherweise bequem. Als wir morgens erwachten, sahen wir eine glitzernde Landschaft an uns vorbeiziehen. Es sah sehr kalt aus. Die Wetter App zeigte minus 20 Grad Celsius an.

Die planmäßige
Ankunft sollte um 7.13
Uhr sein. Da keine
Verspätung gemeldet
wurde, räumten wir
gegen 7 Uhr unsere
sieben Sachen
zusammen und zogen
uns winterlich an.
Dann kam auch schon
die Durchsage mit der
Information, dass wir
Rovaniemi in wenigen
Minuten erreichen
würden. Das
Schneeabenteuer
konnte beginnen.

Schlafabteil im Santa-Claus-Express

Kinder Ticket für den Zug

Wasser wird bereitgestellt

WC und Dusche im Abteil

Rovaniemi

Weihnachtsmanndorf

Die etwas mehr als einen Kilometer lange Strecke vom Bahnhof bis zu unserem Hotel gingen wir zu Fuß. Die Straßen und Gehwege waren vereist und nur spärlich vom Schnee befreit. Es war bitterkalt. Ich hatte uns ein Familienzimmer im Scandic Rovaniemi City direkt in der Innenstadt gebucht. Dort wohnte ich bereits vor 20 Jahren mit meiner Schwester, als ich das erste Mal in Lappland war. Eigentlich wollten wir nur unser Gepäck abstellen, aber da ein Zimmer frei war, durften wir es bereits beziehen. Wie sich herausstellte, bekamen wir sogar ein größeres Zimmer als ursprünglich gebucht. Es hatte nicht nur einen sehr großen Schlafbereich, sondern auch einen großzügigen Flur, der sich als Segen herausstellte, um all die Winterjacken, Skihosen und Stiefel unterzubringen und am Ende des Tages zu trocknen.

Für diesen ersten Tag in Rovaniemi hatte ich Eintrittskarten im Snowman World gebucht. Es ist in den Wintermonaten ein Teil des Weihnachtsmanndorfes. Eine vorherige Reservierung ist notwendig, vor allem, wenn geplant wird, dort zu essen, da die Plätze im Eisrestaurant limitiert sind. Bevor wir dorthin starteten, frühstückten wir in einem Café nahe des Hotels. Ich hatte ein wenig das Gefühl, in Frankreich zu sein. Es gab Croissants, pain au chocolat, tarte au citron und Kaffee in allen möglichen Varianten. Als wir das Café verließen, wurde ich allerdings mit dem ersten Schritt im Freien daran erinnert, dass wir uns im kalten Lappland befanden.

Nach dem Frühstück ging es zurück ins Hotel. Wir zogen uns warme Wintersachen an und dann zogen wir los zur Bushaltestelle am Hotel. Von dort fuhr der Shuttle-Bus zum ins circa 7,5 km entfernte Weihnachtsmanndorf. Es gibt einen Weg für Fußgänger und Fahrradfahrer. Im Sommer wäre es ein gut 1,5 Stunden Spaziergang. Im Winter ist der Weg nicht vom Schnee befreit, da er als Langlaufstrecke dient. Wir wählten die bequeme Variante - die Busfahrt.

Mit dem Bus dauert die Fahrt in etwas 15 Minuten. Wir kamen kurz nach 10 Uhr im Weihnachtsmanndorf an. Damals im Sommer war das Dorf sehr gut besucht. Nun waren wir fast alleine. Diese Gelegenheit nutzten wir, um dem Postamt des Weihnachtsmannes einen Besuch abzustatten, bevor sich zu viele Besucher dorthin begeben würden. Unsere kleine Tochter schrieb eine Postkarte an ihre Schulklasse. Wie sich herausstellen sollte, würde ihre Klasse diese Postkarte erst einige Monate später zu Gesicht bekommen.

Wir erkundeten das Dorf, gingen den Polarkreis entlang und spielten im Schnee. Dieser stapelte sich an vielen Stellen zu hervorragenden Rodelbergen. Oh was für einen Spaß wir hatten. Kurz vor der Mittagszeit gingen wir zur Snowman World. Es ist wie ein aus Eis und Schnee gebautes Rieseniglu. Überall sind Tiere in die Eiswände geritzt. Es gibt einen Bereich, in dem Schlittschuh gelaufen werden kann und nebenan, im Freien, befindet sich eine große Rodelanlage. Im Iglu sind auch die Eisbar und das Eisrestaurant. Das 3-Gänge-Menü buchte ich vorab. Es schmeckte hervorragend. Nach dem Essen blieben wir in der Schneemannwelt, denn die Mädels bekamen nicht genug vom Rodeln und Schlittschuhlaufen. Den einzig und wahrhaftigen Weihnachtsmann wollten sie nicht treffen, aber es war trotzdem ein unvergesslicher Tag.

Völlig ermüdet fuhren wir am frühen Abend mit dem Bus zurück ins Hotel. Die Reise hatte sich im Prinzip schon gelohnt. Wir alle waren glücklich, in Rovaniemi und auf dieser wundervollen Reise zu sein.

Im Weihnachtsmanndorf

Im Weihnachtsmanndorf

Im Weihnachtsmanndorf

Eisbar in der Snowman World

Im Snowman World Restaurant

Rentier-Schlittenfahrt

An unserem zweiten Tag standen sowohl eine Rentier-Schlittenfahrt auf dem Programm als auch eine Nachtwanderung. Beides hatte ich bei einem lokalen Anbieter gebucht. Bring- und Abholservice sowie Ausstattung mit Winteroveralls waren in den Angeboten enthalten. Der Ausflug zu den Rentieren begann am Vormittag. Wir wurden mit einem Minibus am Hotel abgeholt. Der Fahrer sprach sehr gut Englisch und plauderte mit uns. Er erzählte, dass wir nur eine sehr kleine Gruppe und am Abend sogar alleine auf der Nachtwanderung sein werden. Ich fragte, warum so wenige Touristen in der Gegend sind. Daraufhin erklärte er, dass die Einheimischen derzeit noch etwas nördlicher sind, da Winterferien sind und die Finnen in den Norden zum Skilaufen fahren. Viele ausländische Touristen hätten kurzfristig storniert. Er begründete es mit Covid-19. Natürlich hatten wir von Covid und der Situation in China gehört, aber in Europa gab es bis zum Zeitpunkt unserer Abreise nur wenige Fälle und die Lage schien unter Kontrolle. Seit unseres Urlaubes hatten wir keine Nachrichten mehr gelesen oder gesehen. Unser Fahrer meinte, dass in den finnischen Nachrichten nicht besonders viel über das Thema berichtet wird, aber Covid-19 anscheinend zur Pandemie geworden ist und davon auszugehen sei, dass demnächst gar keine ausländischen Touristen mehr ins Land gelassen werden. Das erklärte natürlich, warum wir auf so wenige Reisende auf der Fähre und im Zug sowie im Weihnachtsmanndorf und im Hotel getroffen sind. Wir ließen uns aber nicht beirren und genossen unsere Tour.

Die Rentierfarm, von der aus die Schlittenfahrt startete, lag ungefähr 20 Autominuten in nördlicher Richtung von Rovaniemi. Wir wurden von Antero, dem Rentierhüter, begrüßt und in die Welt der Rentiere eingeführt. Dann ging es auch schon los. Zu zweit saßen wir im Schlitten. Als wir losfuhren, begann es zu schneien. Die Schlittenfahrt führte durch den Wald. Es schneite und schneite. So hätte es für Ewigkeiten weitergehen können. Nach einer guten Stunde waren wir zurück auf der Farm. Nun wurde uns erklärt, was das Lieblingsfutter der Rentiere ist, nämlich frisches Gras und junge Blätter. Im Winter ist davon nicht allzuviel zu finden. Daher ernähren sie sich hauptsächlich von Moosen und Flechten. Das Highlight für die Kinder war, dass sie die Tiere streicheln und füttern durften. Im Anschluss wärmten wir uns im Farmhaus auf. Wir bekamen alkoholfreien Punsch und Kekse. Antero erzählte sehr viel Wissenswertes über die Rentiere und zeigte uns alte Geweihe. Die Kinder hatten ihre Freude, diese auf ihre Köpfe zu setzen.

Am Nachmittag fuhr uns der Busfahrer zurück ins Hotel. In Rovaniemi angekommen, fuhr er kreuz und quer durch die Stadt. Da wir die einzigen Insassen waren und keine Eile hatten, und er scheinbar auch nicht, zeigte er uns die Stadt und die sehenswerten Orte. Er wies uns auch auf einen großen Spielplatz hin, den wir vom Hotel aus fußläufig erreichen könnten. Außerdem gab er uns einen Tipp, in welchem Lokal wir unbedingt essen gehen sollten.

Diesen Tipp nahmen wir gerne an. Bis dahin hatten wir Lokale ergoogelt und wurden auch nicht enttäuscht, aber Hinweise von Einheimischen sind in den allermeisten Fällen richtig gut. Wir aßen dann auch in dem Lokal, im Café & Bar 21, zu Abend und beschlossen, dass wir nochmals dort essen gehen müssen, da wir weitere Gerichte von der Speisekarte probieren wollten.

Anteros Rentiere

Rentier-Schlittenfahrt & Eisengel auf einem zugefrorenem See

Café & Bar 21

Bis zu unserer Abreise aus Rovaniemi haben wir kein weiteres Restaurant ausprobiert. Wir sind immer wieder ins Café & Bar 21 zurückgekehrt. Das Essen ist finnisch geprägt mit mediterranem Einschlag und einfach sehr schmackhaft. Vormittags bis frühen Nachmittag gibt es Brunch und ab spätem Nachmittag eine Abendkarte. Außerdem stellen sie ihr eigenes Speiseeis her, welches wirklich köstlich ist.

Nachtwanderung

Nach dem köstlichen Abendessen im Café & Bar 21 gingen wir zurück ins Hotel, um wieder in die warmen Overalls zu steigen, denn es sollte die Nachtwanderung folgen. Es ist eine Wanderung durch einen Wald mit Lichtungen in der Nähe von Rovaniemi. Der gleiche Busfahrer, der uns auch zum und vom Weihnachtsmanndorf chauffierte, holte uns wieder vom Hotel ab. Wir erzählten ihm sofort, dass sein Restauranttipp hervorragend war und er freute sich sehr, dass uns Örtlichkeit und Essen gefielen. Er bestätigte auch, dass wir wirklich alleine auf der Wanderung sein werden. Vor Ort am Waldrand wird uns unsere Begleiterin empfangen.

Die Wanderung nennt sich auch Polarlichtwanderung, wobei es natürlich keine Garantie gibt, Polarlichter zu sehen. Selbstverständlich wäre es ein absoluter Höhepunkt, diese magischen Lichter zu sehen, denn sie sind wie surreale Erscheinungen. Unsere Erwartungshaltung war allerdings gering, da es bewölkt war. Am Abend zuvor waren wir noch abends in Rovaniemi spazieren und sahen ein ganz leichtes Flackern am Himmeln, aber sahen nicht so phantastisch aus, wie sie überall auf den Ansichtskarten abgebildet sind.

Wir wurden von unserer Begleiterin begrüßt. Da nur wir mit ihr unterwegs sein würden, fragte sie, ob wir Lust hätten, die neuen Schneeschuhe auszuprobieren, die sie gerade von ihrer Firma bekommen hätte. Das musste sie nicht zweimal fragen. Wir schnallten die Schneeschuhe an die Füße und die Stirnlampen an die Stirn und ab ging es in den Wald. Es schneite, was die Wahrscheinlichkeit auf Nordlichter gen Null brachte. Die Umgebung war aber wunderschön. Wir entdeckten frische Tierspuren im Schnee. Hasen und Rehe schienen das Gebiet ebenfalls zu mögen.

Nach der Wanderung gelangten wir zu einer kleinen Hütte, in der wir Feuer machten, um Tee und Kinderpunsch zu wärmen sowie Wurst und Marshmallow zu grillen. Herrlich war es, die Stimmung ganz privat. Wir plauderten mit unserer Begleiterin. Sie erzählte, dass sie diese Wanderungen nur nebenbei durchführt, denn eigentlich ist sie Studentin der Forstwirtschaft. Sie hatte jede Menge über finnische Wälder, Nutzung von Wäldern und Auswirkung der Klimaveränderungen auf den Wald zu berichten. Die Zeit verging wie im Fluge. Gegen Mitternacht verließen wir die Hütte und wurden zum Hotel zurückgefahren. Nach diesem weiteren wundervollen, erlebnisreichen Tag schliefen wir den Schlaf der Seligen.

Hütte, in der wir Feuer machten

WC Häuschen mit Schneehaube

Arktikum

Unser dritter und letzter Tag in Rovaniemi begann mit einem ausgiebigen Frühstück im Hotel. Wir bereuten ein wenig, dass wir so wenige Tage in Rovaniemi eingeplant hatten. Ein etwas längerer Aufenthalt wäre schön gewesen, denn wir fühlten uns wohl, das Wetter stimmte und ein paar mehr Tage Erholung täten einfach gut. Im Nachhinein sind wir aber sehr glücklich und dankbar, dass wir diesen Urlaub überhaupt noch ohne Einschränkungen durchführen konnten.

Für den letzten Tag hatten wir uns nur fest vorgenommen, das Museum "Arktikum" aufzusuchen. Daher blieb genügend Zeit für einen erneuten Besuch auf dem Spielplatz. Bei herrlichstem Winterwetter spazierten wir die kurze Strecke vom Hotel aus. Der Spielplatz heißt "Angry Bird leikkipuisto" und befindet sich in der Innenstadt zwischen der Straße Valtakatu und dem Fluss Kemijoki. Wir hatten alle unseren Spaß. Die Mädels nutzten ausgiebig die Spielgeräte. Wir rutschten etliche Male den Rodelberg hinunter und verausgabten uns bei einer Schneeballschlacht.

Auf dem Angry Bird Spielplatz

Rodelberg am Angry Bird Spielplatz

Schneeballschlacht am Angry Bird Spielplatz

Iglu auf dem Angry Bird Spielplatz

Am Nachmittag gingen wir dann zum Wissenschaftsmuseum "Arktikum". Schon allein das Gebäude ist einen Besuch wert. Wie so viele Museen in Skandinavien ist auch das Arktikum auf die kleinen Besucher, die Kinder, eingestellt. Erklärungen und Beschreibungen sowie die interaktiven Bereiche sind sehr gut für Kinder verständlich. Daher werden auch die Kleinsten animiert, die Ausstellungsbereiche zu erforschen. Wir haben viel Wissenswertes über die samische Geschichte und Kultur gelernt. Es gab außerdem eine Ausstellung zum Thema Klimawandel und deren Auswirkungen insbesondere auf die arktischen Gebiete. Besonders faszinierend war die Fotoausstellung zum Thema "Polarlichter". Unsere Töchter machten die eigens für Kinder organisierte Rallye durch das Museum mit und fanden alle Antworten zu den gestellten Fragen. Ganz stolz präsentierten sie uns das Lösungswort. Für die richtige Lösung gab es sogar ein kleines Geschenk vom Museum.

Die Zeit verging wie im Fluge. Wir spazierten auf dem zugefrorenem Fluss Ounasjoki zurück Richtung Innenstadt und holten im Hotel unser Gepäck ab, welches wir dort nach dem Auschecken verstaut hatten. Dann gingen wir zum Bahnhof. Um 18 Uhr war Abfahrt mit dem Santa Claus Express-Nachtzug nach Turku.

Im Arktikum

Im Arktikum - "Nordlicht" Ausstellung

Arktikum vom Ounasjoki aus

Am Kemijoki

Auf dem Ounasjoki

Blick über den zugefrorenen Fluss Ounasjoki

Rückreise nach Stockholm

Wie schon bei der ersten Nachtfahrt hatten wir reservierte Abteile im oberen Bereich des Zuges und direkt nebeneinander liegend. Wir richteten uns ein wenig ein. Die Kinder schrieben in ihre Reise-Tagebücher. Danach suchten wir den Restaurantwagen auf um zu essen. Das Bistro sah anders aus verglichen mit dem Zug, den wir von Helsinki nahmen. Irgendwie nostalgisch, wie in den amerikanischen Filmen der 50er Jahre. Es war sehr gemütlich, so dass wir uns etwas länger aufhielten, bevor es zur Nachtruhe zurück in unsere Abteile ging.

Die planmäßige Ankunft in Turku war 7.33 Uhr. Der Zug erreichte den Bahnhof pünktlich. Da es vom Bahnhof bis zum Viking Line Fährterminal drei Kilometer sind und die Abfahrt der Fähre 8.45 Uhr war, wagten wir keinen morgendlichen Spaziergang durch die Stadt. Das Boarding zu verpassen, wäre keine gute Idee. Da die Busse nur in größeren Abständen fuhren, es war Wochenende, nahmen wir uns ein Taxi. Am Fähranleger angekommen, begann auch schon das Boarding. Für die Überfahrt hatte ich uns eine 2-Bett-Außenkabine gebucht. Es war zwar eine Tagesfahrt, aber erfahrungsgemäß ist es angenehmer, einen Rückzugsort zu haben, wenn jemanden nach Ausruhen ist.

Die Fähre war gut gebucht. Viele Menschen tummelten sich bei den Spiel- und Sitzbereichen. Wir starteten mit Frühstück. Wir saßen direkt am Panoramafenster im Restaurant. So hatten wir eine gute Sicht auf den Schärengarten von Turku. Danach gingen die Mädels zum Spielen in das große Spielzimmer. Mein Mann und ich spazierten auf dem Außendeck, schlenderten durch die Geschäfte auf dem Schiff und lasen Bücher in der Kabine. Als wir uns den Åland Inseln näherten, zog es mich wieder auf das Außendeck. Ich hatte bisher zweimal die Gelegenheit auf den Inseln unterwegs gewesen zu sein und es hat mir immer sehr gut gefallen. Die Inseln des Archipels sind teils felsig teils bewaldet. Sie sind alle sehr flach. Åland ist ein Eldorado für Naturliebhaber. Die Landschaft ist traumhaft schön.

Auf der gesamten Überfahrt können eigentlich fast immer Inseln und Schären gesehen werden. Zunächst fährt das Schiff durch den Schärengarten von Turku, dann durch das Åland Archipel, um danach durch das Gebiet des Stockholmer Schärengarten zu fahren.

Um 18.45 Uhr legte das Schiff in Stockholm an. Wir spazierten vom Fährterminal nach Gamla Stan. Dort hatten wir uns für eine Nacht in ein kleines Hotel einquartiert, in die Old Town Lodge. Die Rucksäcke nur kurz abgestellt, gingen wir ums Eck, um in einem gemütlichen Lokal zu Abend zu essen. Nach dem Essen spazierten wir eine kleine Runde durch die Altstadt, bevor wir müde in die Betten sunken.

Åland Archipel

Blick auf Schären der Åland Inseln

Im Stockholmer Schärengarten

Kurzaufenthalt in Stockholm

Am nächsten Morgen aßen wir ein kleines Frühstück im Hotel und drehten dann noch einmal bei Tageslicht eine Runde durch die Altstadt. Ich zeigte meiner Familie das Stockholmer Schloss, von wo aus wir auch einen guten Blick auf die Nachbarinsel Skeppsholmen hatten. Dann gingen wir den Slottsbacken hinauf zur Nikolaikirche, bogen links ab und gingen bis zum Stortorget, dann weiter in südöstlicher Richtung bis zum Mårten Trotzigs gränd, der engsten Gasse Stockholms zum Järntorget. Dort kauften wir beim Bäcker "Bröd & Salt" Zimt- und Kardamomschnecken als Snacks für die spätere Zugfahrt nach Laholm. Meine "schwedische Schwester" kam für ein kurzes Treffen vorbei. Ich hatte vor 25 Jahren bei einer schwedischen Familie in Schweden gelebt. Seitdem ist diese Familie meine Bonusfamilie. Wir treffen uns so oft es irgendwie geht.

Zusammen spazierten wir in Richtung Hauptbahnhof und gingen zwischendurch für ein zweites Frühstück ins Café Vete-Katten in Norrmalm. In vielen Reiseführern wird dieses Café gepriesen und ja, es ist ein gutes Café, aber es gibt zahlreiche andere sehr gute Cafés in der Stadt. Das Vete-Katten lag auf dem Weg, es duftete verführerisch nach Zimt (wie so oft in Schweden) und wir konnten einfach nicht widerstehen.

Danach spazierten wir ohne weitere Zwischenstopps zum Bahnhof. Unsere Reise näherte sich dem Ende. Um 12.08 Uhr rollte der Zug los und wir sagten Stockholm "Auf Wiedersehen". Es war nur ein kurzer Aufenthalt, aber meine Familie war begeistert von den Eindrücken und möchte unbedingt für einen längeren Aufenthalt wiederkommen.

Stockholmer Schloss mit Blick auf die Nikolaikirche

In Gamla Stan

Blick auf Skeppsholmen

Stortorget

Blick auf das Schloss in Gamla Stan

Zurück zum Start

Wie bei der Hinfahrt auch fuhren wir mit dem X2000 von Stockholm nach Göteborg. In Göteborg stiegen wir in den Örestundståget um, der uns wieder nach Laholm brachte. Um 17.19 Uhr erreichten wir den Bahnhof von Laholm. Mein Papa holte uns ab. Ich konnte kaum glauben, dass er uns vor nur einer Woche dorthin fuhr, damit wir unsere Reise starten konnten. Vor nur sieben Tagen waren wir voll der Vorfreude und Aufregung. Und nun waren wieder zurück am Startpunkt.

Mein Mann und ich fuhren am nächsten Tag zurück nach Hamburg. Unsere Töchter blieben in unserem Ferienhaus zusammen mit meinen Eltern. Eine knappe Woche später fuhr ich zurück nach Schweden, um die Mädels abzuholen. Dass dann die Rückreise nach Hamburg recht abenteuerlich werden würde, da aufgrund der Corona Pandemie plötzlich die Grenzen geschlossen wurden, ist eine andere Geschichte.

Unsere Lapplandfahrt war eine wundervolle Reise. Die Kinder sprechen auch jetzt, achtzehn Monate später, noch sehr viel von dieser Reise. Immer wieder sehen sie sich die Fotos in ihren Reise-Tagebüchern an und erzähle, was sie dort erlebten. Sie fragen oft, wann wir wieder einmal mit dem Nachtzug fahren werden und ob wir noch einmal in den Norden reisen können, denn wir haben doch kein Nordlicht gesehen. Mal schauen, wann wir wieder uneingeschränkt reisen können. Unser nächstes Reiseziel, mal von Familienbesuchen in Frankreich und Schweden abgesehen, heißt Norwegen.

Danksagung

Herzlichen Dank, dass Du bis hierher gelesen hast. Mich freut es wirklich sehr, wenn mein Reisebericht interessant genug war, um es vom Anfang bis zum Ende zu lesen. Finnland ist immer eine Reise wert, finde ich, und die Magie des Weihnachtsmanndorfes ist etwas sehr Spezielles - vor allem für Familien mit Kindern.

Dankbar bin ich, sind wir, diese Reise ohne Einschränkungen erlebt zu haben. Nach unserer Rückkehr nach Deutschland, waren Schulen, Geschäfte und Restaurants geschlossen. Das Leben spielte sich zum größten Teil in der Wohnung ab. Oft, sehr oft, bis heute, reden wir über diese Fahrt und die Hoffnung lebt, dass wir sehr bald eine neue Reise in den hohen Norden planen können.

Ein großer Dank geht an meine Familie an dieser Stelle, dass sie mir wieder viele Stunden zum Schreiben, Korrigieren und Ändern gegönnt hat.

Dankeschön

Kath